«Para aquellos de nosotros a los que a menudo nos cuesta saber qué orar, estos libros son brillantes porque proveen muchas cosas útiles y específicas para orar que provienen directamente de la Palabra de Dios. Empezar con la Escritura asegura que no estamos orando simplemente para cambiar las circunstancias, como podemos hacer, sino más bien por corazones transformados que traen honor y gloria a Dios».

Andrea Trevenna, ministra asociada para mujeres, St Nicholas Sevenoaks

5 RAZONES PARA ORAR POR TU CORAZÓN

Oraciones que te transforman
para ser más como Jesús

RACHEL JONES
SERIE EDITADA POR CARL LAFERTON

5 RAZONES PARA ORAR POR TU CORAZÓN

Oraciones que te transforman
para ser más como Jesús

RACHEL JONES
SERIE EDITADA POR CARL LAFERTON

ESPAÑOL
BRENTWOOD, TENNESSEE

5 razones para orar por tu corazón: Oraciones que te transforman para ser más como Jesús

Copyright © 2023 por Rachel Jones
Todos los derechos reservados.
Derechos internacionales registrados.

B&H Publishing Group
Brentwood, TN 37027

Diseño de portada: B&H Español

Director editorial: Giancarlo Montemayor
Editor de proyectos: Joel Rosario
Coordinadora de proyectos: Cristina O'Shee

Clasificación Decimal Dewey: 248.3
Clasifíquese: ORACIÓN/ MEDITACIONES/ VIDA ESPIRITUAL

Las citas bíblicas marcadas NVI se tomaron de La Santa Biblia, Nueva Versión Internacional®, © 1999 por Biblica, Inc.®. Usadas con permiso. Todos los derechos reservados.

ISBN: 978-1-0877-6801-4

Impreso en EE. UU.
1 2 3 4 5 * 26 25 24 23

CONTENIDO

POR CRECIMIENTO CUANTO ESTOY...

INTRODUCCIÓN DE LA SERIE

Me pregunto si alguna vez te costó creer este famoso versículo de la Biblia:

> «La oración del justo es poderosa y eficaz» (Sant. 5:16).

Santiago nos dice que cuando la gente justa ora oraciones justas, algo sucede. Las cosas cambian. Las oraciones del pueblo de Dios son poderosas. Pero no son poderosas porque nosotros seamos poderosos, o porque las palabras que decimos sean de alguna manera mágicas, sino porque la Persona a la que oramos es infinita e inimaginablemente poderosa. Y nuestras oraciones son eficaces, no porque seamos especiales, o porque haya una fórmula especial que utilizar, sino porque el Dios al que oramos se complace en responder a nuestras oraciones y cambiar el mundo gracias a ellas.

Entonces, ¿cuál es el secreto de la oración eficaz? ¿Cómo puedes pronunciar oraciones que realmente cambien las cosas? Santiago sugiere dos preguntas que debemos hacernos.

Primero, ¿eres justo? Una persona justa es alguien que tiene una relación correcta con Dios, alguien quien, a través de la fe en Jesús, ha sido perdonado y aceptado como hijo de Dios. Cuando oras, ¿lo haces no solo a tu Hacedor, no solo a tu Gobernante, sino a tu Padre celestial, que te ha perdonado completamente a través de Jesús?

En segundo lugar, ¿reflejan tus oraciones esa relación? Si sabemos que Dios es nuestro Hacedor, nuestro Gobernante y nuestro Padre, querremos orar oraciones que le agraden, que reflejen Sus deseos, que se alineen con Sus prioridades para nuestras vidas y para el mundo. La clase de oración que realmente cambia las cosas es la oración ofrecida por un hijo de Dios que refleja el corazón de Dios.

Por eso, cuando los hijos de Dios oran en la Biblia, a menudo encontramos que utilizan la Palabra de Dios para guiar sus oraciones. Así, cuando Jonás oró en el vientre de un pez para agradecer a Dios su rescate (Jon. 2:1-9), utilizó las palabras de varios salmos entretejidos. Cuando los primeros cristianos se reunieron en Jerusalén para orar, utilizaron los temas del Salmo 2 para guiar su alabanza y sus peticiones (Hech. 4:24-30). Y cuando Pablo oró para que sus amigos crecieran en amor (Fil. 1:9), estaba pidiendo al Padre que obrara en ellos lo mismo que el Señor Jesús oró por nosotros (Juan 17:25-26), y lo que el Espíritu Santo está haciendo por todos los creyentes (Rom. 5:5). Todos ellos utilizaron las palabras de Dios para guiar sus palabras a Dios.

¿Cómo puedes orar de manera poderosa y efectiva, que cambie las cosas, que haga que las cosas sucedan? Primero, siendo un hijo de Dios. En segundo lugar, elevando oraciones bíblicas, que utilizan las palabras de Dios para asegurarte de que tus oraciones le agradan y comparte Sus prioridades.

Para eso está este pequeño libro. Te orientará sobre cómo orar por ti mismo, en diferentes ámbitos y situaciones. Orar por ti mismo puede parecer un poco indulgente. Pero estas oraciones no son egocéntricas. A medida que ores para convertirte cada vez más en la persona que Dios creó y salvó, y a medida que Dios responda a esas oraciones, Él será más glorificado en ti, y los que te rodean serán servidos más amorosamente por ti. Y, sí, experimentarás la bendición que supone vivir como Jesús.

Cada sugerencia de oración se basa en un pasaje de la Biblia, por lo que puedes estar seguro de que son oraciones que Dios quiere que hagas por ti mismo.

Hay cinco cosas diferentes para orar por cada una de las veintiún áreas. Así que puedes utilizar este libro de diversas maneras.

- *Puedes orar un conjunto de «cinco cosas» cada día, en el transcurso de tres semanas, y volver a empezar.*

- *Puedes tomar uno de los temas de oración y orar una parte cada día de lunes a viernes.*

- *O bien, puedes ir entrando y saliendo, cuando quieras y necesites orar por un aspecto particular de tu vida.*

- *También hay un espacio en cada página para escribir los nombres de situaciones concretas, o personas que quieras recordar en oración.*

Esta no es en absoluto una guía exhaustiva: ¡hay muchas más cosas por las que puedes orar en tu vida mientras buscas vivir a la manera de Dios en el mundo de Dios!

Pero puedes estar seguro de que, al usarla, estás haciendo grandes oraciones, las que Dios quiere que hagas. Y Dios promete que «la oración del justo es poderosa y eficaz». Esta es una promesa a la que vale la pena aferrarse con confianza. Al orar confiando en esta promesa, cambiará nuestra forma de orar y lo que esperamos de nuestras oraciones.

Cuando las personas justas hacen oraciones justas, algo sucede. Las cosas cambian. Así que cuando utilices este libro para guiar tus oraciones, anímate, estate expectante y mantén los ojos abiertos para que Dios haga «muchísimo más que todo lo que podamos imaginarnos o pedir» (Ef. 3:20). Él es poderoso; y tus oraciones también lo son.

Carl Laferton
Director editorial | The Good Book Company

5 RAZONES PARA ORAR

POR FRUTOS ESPIRITUALES

AMOR

MARCOS 12:29-31

PUNTOS DE ORACIÓN:

_____

_____

_____

_____

Padre del cielo, ayúdame a amar…

AL ÚNICO DIOS

> «El [mandamiento] más importante es: "Oye, Israel. El Señor nuestro Dios es el único Señor"…» (v. 29).

Dios es el único verdaderamente digno de todo nuestro amor y afecto. Todos los demás rivales palidecen en comparación con Su poder y Su gloria. Pero no lo adoramos a distancia: es «el Señor nuestro Dios», porque ha puesto Su amor en nosotros y nos ha incluido entre Su pueblo. Lo amamos porque Él nos ha amado. Alabémoslo, pues, por Su completo poder y tierno cuidado.

CON MI CORAZÓN Y ALMA

> «Ama al Señor tu Dios con todo tu corazón, con toda tu alma…» (v. 30).

Ora para que ames a Dios con todos tus afectos, para que te relaciones con Él de una manera que repercuta en lo que _sientes_ por Él. Confiesa las formas en que amas demasiado otras cosas: pide a Dios que se convierta en tu primer amor.

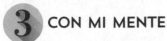

CON MI MENTE

«… con toda tu mente…» (v. 30).

Cuando amamos a alguien, pensamos en él. Ora para que Dios llene cada vez más tu mente; que sea tu primer pensamiento por la mañana, tu último pensamiento por la noche y tu compañero constante en las horas intermedias. Agradece a Dios por darte un cerebro con el que pensar, ora para que todo lo que aprendas *sobre* Dios alimente tu amor *por* Dios.

CON MI FUERZA

«… y con todas tus fuerzas» (v. 30).

¿En qué momento tu amor por Dios tiende a sentirse más débil? ¿En qué área te has cansado? ¿En qué momento tu servicio a Él es poco entusiasta? Pide a Dios que te ayude a amarlo con todas tus fuerzas, de modo que cada día gastes con gusto y alegría las energías que tienes para Su gloria.

… Y A MI PRÓJIMO

«… "Ama a tu prójimo como a ti mismo".
No hay otro mandamiento más importante
que estos» (v. 31).

No amamos verdaderamente a Dios si no amamos a los que nos rodean. Ora para que busques el bien de los demás como si sus intereses fueran los tuyos. Piensa en las personas con las que te relacionarás hoy y pídele a Dios que te ayude a amar a cada una de ellas. Y dale las gracias por Su amor hacia ti, porque te ama con esa clase de amor que todo lo consume.

5 RAZONES PARA ORAR

POR FRUTOS ESPIRITUALES

ALEGRÍA

SALMO 16

PUNTOS DE ORACIÓN:

_____

_____

_____

_____

Padre, por favor, dame una gran alegría en...

EL DADOR, NO LOS REGALOS

> *«... Mi Señor eres tú. Fuera de ti, no poseo bien alguno» (v. 2).*

Dios es *tu* Señor y Padre a través de la fe en Cristo: ora para que esta verdad sea tu mayor gozo en la vida. Confiesa las veces que has buscado la felicidad en las cosas buenas, en lugar de buscar el gozo en un Dios bueno.

SER PARTE DE TU PUEBLO

> *«En cuanto a los santos que están en la tierra, son los gloriosos en quienes está toda mi delicia» (v. 3).*

Pídele a Dios que te dé cada vez más gozo por formar parte de «los santos». Agradécele por tu familia eclesiástica y por algunos cristianos específicos que te animan especialmente. Ora para que tu gozo se alimente domingo a domingo al reunirte con el pueblo de Dios. Pídele a Dios que te abra los ojos para ver cómo otras personas crecen en piedad y utilizan sus dones; ora para que estos signos de la gracia de Dios hagan que tu corazón se regocije.

 LO QUE ME HAS DADO

«Bellos lugares me han tocado en suerte; ¡preciosa herencia me ha correspondido!» (v. 6).

Da gracias por las cosas que Dios te ha dado y en las que te deleitas, sean grandes o pequeñas. ¡Enumera todas las que puedas! Ora para estar más contento con lo que tienes.

 TIEMPOS DIFÍCILES

«Siempre tengo presente al Señor; con él a mi derecha, nada me hará caer» (v. 8).

Pide a Dios que haga crecer en ti un gozo profundo e inquebrantable que ninguna dificultad o decepción pueda arrebatar. Ora para que, cuando llegue el sufrimiento, Su presencia junto a ti siga dándote gozo.

 LA VIDA ETERNA

«Por eso mi corazón se alegra, y se regocijan mis entrañas [...]. Me has dado a conocer la senda de la vida; me llenarás de alegría en tu presencia, y de dicha eterna a tu derecha» (v. 9, 11).

Da gracias porque la resurrección de Jesús, a la que apunta este salmo (Hech. 2:24-28), garantiza la tuya: ha allanado el camino de la vida eterna. Regocíjate porque un día experimentarás un gozo más profundo que el que jamás hayas conocido, en presencia de tu Salvador. Ora para que esta promesa modifique tu forma de sentirte hoy.

POR FRUTOS ESPIRITUALES

PAZ

ISAÍAS 41:8-14

PUNTOS DE ORACIÓN:

_____

_____

_____

Estas promesas fueron dadas primero al pueblo de Israel, luego se cumplieron en Cristo, y ahora se extienden a todo Su pueblo. Así que pídele a Dios que haga crecer en ti una profunda confianza interior en…

TU AMOR POR MÍ

> *«Te tomé de los confines de la tierra, te llamé de los rincones más remotos, y te dije: "Tú eres mi siervo". Yo te escogí; no te rechacé» (v. 9).*

Agradece a Dios que haya elegido amarte y te haya llamado a ser uno de Su pueblo, y que siempre obre por tu bien. Alábale porque nunca te ha rechazado ni te rechazará, porque estás «en Cristo».

TU PRESENCIA CONMIGO

> *«Así que no temas, porque yo estoy contigo; no te angusties, porque yo soy tu Dios…» (v. 10).*

¿Qué es lo que temes? ¿Cuáles son las circunstancias que te hacen desfallecer? Agradece a Dios que no te enfrentas a estas cosas solo: Él está contigo. Ora para que esta verdad anime tu corazón y te dé una gran sensación de paz.

TU INTERVENCIÓN A MI FAVOR

> *«… Te fortaleceré y te ayudaré; te sostendré con mi diestra victoriosa» (v. 10).*

Pide a Dios que actúe en las circunstancias concretas que te preocupan. Sea cual sea tu estado de ánimo, ruega que confíes más en Él, al acudir regularmente a Él en oración y buscar ayuda.

TU REIVINDICACIÓN DE MÍ

> *«Todos los que se enardecen contra ti sin duda serán avergonzados y humillados; los que se te oponen serán como nada, como si no existieran» (v. 11).*

Muchas de nuestras preocupaciones tienen que ver con otras personas: lo que dirán, harán o pensarán. Agradece a Dios que ve y se preocupa por el trato que recibe Su pueblo; ora para que este conocimiento moldee tu forma de responder a los demás, sin importar cómo te traten. Ora para que interactúes con las personas con una confianza piadosa.

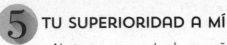

5 TU SUPERIORIDAD A MÍ

*«No temas, gusano Jacob, pequeño Israel
—afirma el Señor—, porque yo mismo te
ayudaré; ¡el Santo de Israel es tu redentor!»*
(v. 14).

A veces, nuestras preocupaciones pueden ser útiles: nos recuerdan que somos «pequeños» y que no tenemos el control. Así que agradece a Dios que es mucho más grande que tú. Ora para que el conocimiento de que Él es «tu redentor» te dé paz.

POR FRUTOS ESPIRITUALES

PACIENCIA

SANTIAGO 5:7-11

PUNTOS DE ORACIÓN:

_____

_____

_____

_____

PACIENCIA POR LA VENIDA DE CRISTO

«Por tanto, hermanos, tengan paciencia hasta la venida del Señor. [...] manténganse firmes y aguarden con paciencia...» (vv. 7-8).

En muchos sentidos, la vida cristiana es un largo juego de espera: estamos esperando que Cristo regrese para corregir todos los errores, y para demostrar de una vez por todas que hemos estado siguiendo al Rey correcto. Pero a veces, cuando miramos a nuestro alrededor, dudamos de que ese día llegue. Así que pídele a Dios que te haga paciente. Pídele perseverancia para que te mantengas firme en tu fe durante todo el tiempo que tarde Jesús en volver.

PACIENCIA CON MIS PALABRAS

«No se quejen unos de otros, hermanos, para que no sean juzgados...» (v. 9).

Pocas cosas ponen a prueba nuestra paciencia más que otras personas, y a menudo los cristianos en particular. Así que ora para que seas paciente cuando otros creyentes te hieran, te decepcionen o simplemente te pongan nervioso. Ora para que no te quejes contra ellos, ni en su cara, ni a sus espaldas, ni siquiera en tu corazón.

3 PACIENCIA EN MI TESTIMONIO

«... tomen como ejemplo de sufrimiento y de paciencia a los profetas que hablaron en el nombre del Señor» (v. 10).

¿Hay alguien a quien hayas renunciado a «hablar en el nombre del Señor» porque te ha rechazado muchas veces? Ora para que seas un testigo paciente que busca hablar del Señor una y otra vez, incluso cuando es costoso.

4 PACIENCIA CON DIOS

«En verdad, consideramos dichosos a los que perseveraron. Ustedes han oído hablar de la perseverancia de Job, y han visto lo que al final le dio el Señor...» (v. 11).

«¿Por qué permite Dios que esto ocurra?». «¿Cuándo cambiará mis circunstancias?». «¿Por qué no responde a mis oraciones?». Pide a Dios que te ayude a ser paciente con Sus planes, y concretamente con Su tiempo. Ora para aumentar la confianza en que los caminos de Dios siempre conducen a la bendición, incluso cuando no puedes ver cómo.

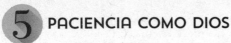

5 PACIENCIA COMO DIOS

«… Es que el Señor es muy compasivo y misericordioso» (v. 11).

Agradece a Dios la paciencia que tiene contigo. Cuando eres débil, te muestra compasión. Cuando eres pecador, te muestra su misericordia. Agradécele por las formas específicas en que has experimentado Su paciencia recientemente.

POR FRUTOS ESPIRITUALES

AMABILIDAD

EFESIOS 4:32–5:2

PUNTOS DE ORACIÓN:

_____

_____

_____

_____

 ## BONDAD Y COMPASIÓN

> *«… sean bondadosos y compasivos unos con otros…» (4:32).*

Pídele a Dios que te dé un corazón amable, uno que se acerque a los demás para satisfacer sus necesidades y servirles de forma práctica. Ora para que seas amable no solo con los que te resultan cálidos por naturaleza, sino con *todos* los miembros de tu familia de la iglesia. Pídele a Dios que ponga en tu camino a personas que necesitan especialmente una palabra o una acción amable en este momento, y que te haga ver cómo puedes mostrarles tu amabilidad.

 ## … A LOS QUE ME HIRIERON

> *«… perdónense mutuamente, así como Dios los perdonó a ustedes en Cristo» (4:32).*

Agradece a Dios por haber perdonado todos tus pecados por medio de Cristo. Confiesa las formas en las que has fallado en ser amable con los demás, y regocíjate en el perdón total y gratuito de Dios por esas fallas. Ora para que, al igual que Dios te ha perdonado a ti, tú también perdones a otros. Pide a Dios que te ayude a ser amable en tus pensamientos hacia quienes te han herido en el pasado; y, si es posible y sabio, también en tus acciones.

 ## ... COMO MI PADRE

«Por tanto, imiten a Dios, como hijos muy amados» (5:1).

Agradece a Dios la bondad que ha tenido contigo. Él vio tu necesidad de salvación y la satisfizo, adoptándote como Su propio hijo amado. Ora para que este conocimiento te libere para ser amable con los demás, no para impresionar a Dios o hacer que otras personas te quieran, sino porque quieres actuar como tu Padre celestial.

 ## ... TODO EL TIEMPO

«... lleven una vida de amor...» (5:2).

A veces, queremos ser amables bajo nuestros propios términos: solo cuando tenemos energía para ello, cuando llamemos la atención por ello, o cuando nos toca por obligación. Pero este mandamiento lo abarca todo. Pide a Dios que transforme tu corazón para que servir a otros y ofrecer ayuda se conviertan en tus respuestas instintivas. Ora para que hoy tengas la oportunidad de ser espontáneamente amable con alguien.

5 ... AUNQUE CUESTE

> *«… así como Cristo nos amó y se entregó por nosotros como ofrenda y sacrificio fragante para Dios»* (5:2).

¿Hay algo especialmente costoso a lo que Dios te llama en este momento? Ora para que, al igual que el Señor Jesús, estés dispuesto a amar a los demás incluso cuando eso requiera un gran sacrificio personal.

POR FRUTOS ESPIRITUALES

BONDAD

ROMANOS 12:9-13

PUNTOS DE ORACIÓN:

_____

_____

_____

_____

En el centro de la «bondad», está la idea de la integridad: somos llamados a mantener la verdad y vivirla sin ningún atisbo de hipocresía. Así que ora para que crezcas en…

BONDAD SINCERA

«El amor debe ser sincero…» (v. 9).

Pide a Dios que te ayude a amar a los demás con sinceridad; ¡ora para que no te preocupes por las personas porque sabes que *debes* hacerlo, sino porque *realmente* te interesas! Ora para que ames a la gente tanto a la cara, diciéndoles solo lo que es sincero, como también a sus espaldas, diciendo de ellos solo lo que muestra amor.

BONDAD PROFUNDA

«… Aborrezcan el mal; aférrense al bien»
(v. 9).

Ora para que te preocupes menos por parecer bueno y más por serlo, hasta lo más profundo de tu ser. Pídele a Dios que te dé una creciente repugnancia por las cosas que Él odia: confiesa las veces que has tratado el pecado como algo gracioso, o poco serio. Ora para que valores más la santidad.

BONDAD APASIONADA

«Nunca dejen de ser diligentes; antes bien, sirvan al Señor con el fervor que da el Espíritu» (v. 11).

Vivimos «tomando en cuenta la misericordia de Dios» hacia nosotros en Cristo (v. 1). Toma un tiempo para agradecer y alabar Su misericordia ahora. Ora para que la gracia de Dios hacia ti en la cruz te haga sentir más entusiasmado por servirle hoy, y para que esta pasión por Jesús se desborde en bondad hacia los demás.

BONDAD CONSTANTE

«Alégrense en la esperanza, muestren paciencia en el sufrimiento, perseveren en la oración» (v. 12).

¿Qué circunstancias están poniendo a prueba tu carácter? Pide a Dios que te ayude a responder con un gozo sólido, una paciencia auténtica y una oración fiel. Dale gracias por la gran esperanza que da el evangelio.

BONDAD PRÁCTICA

«Ayuden a los hermanos necesitados. Practiquen la hospitalidad» (v. 13).

Pídele a Dios que te ayude a hacer el bien a los demás de una manera que satisfaga sus necesidades en la práctica. Piensa en oración cómo podría ser eso para ti esta semana. Pídele a Dios que te ayude a ser lo suficientemente valiente como para salir de tu zona de confort y acoger a los demás. A menudo, es en nuestros hogares donde se revela nuestro verdadero ser: pídele que, a medida que la gente te conozca mejor, vea a una persona piadosa y completamente íntegra.

POR FRUTOS ESPIRITUALES

FIDELIDAD

HEBREOS 12:1-3

PUNTOS DE ORACIÓN:

_____

_____

_____

_____

TESTIGOS FIELES

«Por tanto, también nosotros, que estamos rodeados de una multitud tan grande de testigos...» (v. 1).

¿La fidelidad de quién te inspira? Pueden ser personajes de la Biblia, héroes de la historia de la Iglesia o cristianos que conozcas hoy. Da gracias por estos «testigos»: agradece a Dios por algunas formas específicas en las que demostraron ser fieles a Jesús, y en las que Jesús demostró ser fiel a ellos. Ora para que puedas seguir sus ejemplos de valor, lealtad y veracidad.

COMBATIENTE FIEL

«... despojémonos del lastre que nos estorba, en especial del pecado que nos asedia...» (v. 1).

Pide a Dios que te ayude a luchar contra las distracciones concretas que alejan tu corazón de Él, y contra los pecados en los que te ves envuelto. Ora para que vivas en una fidelidad incondicional e indivisible hacia Él. Además, este versículo habla de algo que hacemos junto con otros; pide a Dios que profundice tus amistades cristianas para que cada vez más confronten y confiesen juntos el pecado.

 ## CORREDOR FIEL

«… y corramos con perseverancia la carrera que tenemos por delante» (v. 1).

¿Cómo se ve la carrera que Dios te ha marcado? ¿Cuáles son los obstáculos que te hacen querer abandonar? ¿Quiénes son los compañeros de equipo a los que estás llamado a apoyar y ayudar? Pide a Dios que te ayude a perseverar en seguir a Jesús y en el servicio a Su pueblo en las circunstancias concretas que te ha marcado.

 ## REY FIEL

«Fijemos la mirada en Jesús, el iniciador y perfeccionador de nuestra fe…» (v. 2).

Agradece a Jesús que «por el gozo que le esperaba, soportó la cruz, menospreciando la vergüenza que ella significaba» (v. 2), para que tú pudieras ser introducido en la familia de Dios. Adora a tu Rey, que «ahora está sentado a la derecha del trono de Dios». Agradece que Su fidelidad a Su Padre y a Su pueblo no tiene límites. Ora para que hoy mantengas tus ojos fijos en Él.

 ## FIEL BAJO LA PRUEBA

«Así, pues, consideren a aquel que perseveró frente a tanta oposición por parte de

*los pecadores, para que no se cansen ni
pierdan el ánimo» (v. 3).*

Pide a Dios que te dé hoy la oportunidad de ser un testigo fiel ante los «pecadores», los que rechazan a Jesús como Rey, a tu alrededor. Pide valor para ser leal al Rey Jesús cuando sería más fácil proteger tu reputación o buscar tu comodidad.

5 RAZONES PARA ORAR

POR FRUTOS ESPIRITUALES

HUMILDAD

JUAN 13:12-17

PUNTOS DE ORACIÓN:

_____

_____

_____

_____

En la lista del fruto del Espíritu en Gálatas 5, la versión Reina Valera de la Biblia traduce «humildad» como «mansedumbre». La mansedumbre exterior es la forma en que se manifiesta la humildad interior.

 HUMILDE COMO JESÚS

> «¿Entienden lo que he hecho con ustedes?»
> (v. 12).

Jesús fue muy gentil con Sus palabras. Los discípulos a menudo eran lentos para entender, pero Jesús no se enseñoreó de ellos, sino que les explicaba pacientemente. Ora para que tú también seas gentil con tus palabras y te resistas a decir cosas punzantes, arrogantes u orgullosas.

 AGRADECIDO POR JESÚS

> «Pues, si yo, el Señor y el Maestro, les he lavado los pies...» (v. 14).

Agradece a Jesús que haya hecho algo más humilde incluso que lavar los pies de los discípulos: agradécele que haya limpiado tu corazón de pecado. Por un momento, maravíllate de Su humildad: aunque es el maestro más sabio y el Señor más poderoso, estuvo dispuesto a vivir y morir como un humano para limpiarte.

 ## UN SIERVO COMO JESÚS

> *«... también ustedes deben lavarse los pies los unos a los otros. Les he puesto el ejemplo, para que hagan lo mismo que yo he hecho con ustedes» (vv. 14-15).*

Pide a Dios que te ayude a servir a los demás como Jesús te ha servido a ti; ora para que estés dispuesto a amar a los demás de una manera gentil, práctica, personal y no siempre ordenada.

 ## UN SIERVO DE JESÚS

> *«Ciertamente les aseguro que ningún siervo es más que su amo, y ningún mensajero es más que el que lo envió» (v. 16).*

Pide a Dios que te ayude a recordar que solo eres un siervo, y que Jesús es el amo. Arrepiéntete de las formas en que un sentido exagerado de tu propia importancia te ha llevado a tratar a los demás con dureza. Ora para que estés dispuesto a hacer todo lo que tu amo te pida.

 ## BENDECIDO POR JESÚS

> *«¿Entienden esto? Dichosos serán si lo ponen en práctica» (v. 17).*

Nuestra cultura dice que la buena vida se encuentra en alcanzar una posición de poder, riqueza e influencia; Jesús afirma que la verdadera bendición se encuentra en usar el poder, la riqueza y la influencia que tenemos para servir a otros. Da gracias por las formas en que has experimentado la bendición que Jesús promete en este versículo. Ora para que tu humildad te convierta en una bendición para los demás, así como te bendice a ti.

5 RAZONES PARA ORAR

POR FRUTOS ESPIRITUALES

DOMINIO PROPIO

TITO 2:11-14

PUNTOS DE ORACIÓN:

_____

_____

_____

_____

EXPRESA GRATITUD POR LA GRACIA

«En verdad, Dios ha manifestado a toda la humanidad su gracia, la cual trae salvación» (v. 11).

Agradece a Dios que nuestra salvación no depende del dominio propio que podamos ejercer. Él no ofrece la salvación solo a las personas morales que pueden cumplir Sus reglas. Él ofrece la salvación a «toda la humanidad»; te la ha ofrecido a ti. Agradece a Dios Su gracia ilimitada, que sigue fluyendo hacia nosotros sin importar cuántas veces le fallemos. Ora para que tu forma de vivir no guíe a los que te rodean al cumplimiento de las normas religiosas, sino a la extraordinaria oferta de gracia de Dios en Cristo Jesús.

FUERZA PARA DECIR «NO»

«... y nos enseña a rechazar la impiedad y las pasiones mundanas...» (v. 12).

¿A qué te resulta más difícil decir «no»? Tal vez sea algo en el ámbito de la avaricia, la ira, la lujuria o los chismes. Confiesa los momentos en los que has dicho «sí» a la impiedad en los últimos días. Ora para que la próxima vez que te enfrentes a la tentación, Dios te dé el dominio propio para decir «no» en su lugar.

 INSTINTOS PIADOSOS

> *«... Así podremos vivir en este mundo con justicia, piedad y dominio propio» (v. 12).*

A menudo, las cosas impías que decimos salen de nuestra boca incluso antes de que las hayamos pensado. Ora para que Dios transforme tu corazón para que crezcas en dominio propio. Ora para que tus reacciones instintivas sean cada vez más rectas y piadosas.

 EXPECTATIVA LLENA DE ESPERANZA

> *«... mientras aguardamos la bendita esperanza, es decir, la gloriosa venida de nuestro gran Dios y Salvador Jesucristo. Él se entregó por nosotros para rescatarnos de toda maldad y purificar para sí un pueblo elegido...» (vv. 13-14).*

Gózate de que se acerca un día en el que Jesús aparecerá y disfrutarás de vivir con Él en una perfección sin pecado, completamente libre de tentaciones, fracasos y culpas. Pide a Dios que te ayude a vivir ahora a la luz de esta «bendita esperanza».

5 DEDICADO A HACER BIEN

«... dedicado a hacer el bien» (v. 14).

A menudo, reducimos el dominio propio a un acto de fuerza de voluntad; en cambio, pídele a Dios que te haga estar realmente deseoso de hacer el bien. Pídele que te ayude a hacer el bien hoy. Ora por sabiduría para establecer las prioridades correctas y por dominio propio para evitar las distracciones.

5 RAZONES PARA ORAR

PARA QUE YO SEA...

UN ADORADOR

SALMO 96

PUNTOS DE ORACIÓN:

_____

_____

_____

_____

¡CANTA!

> «Canten al Señor un cántico nuevo; [...]
> anuncien día tras día su victoria. Proclamen
> su gloria entre las naciones, sus maravillas
> entre todos los pueblos» (vv. 1-3).

Da gracias a Dios por Su salvación en Jesucristo. Alábale
por Sus «maravillas», tanto las que se registran en las
páginas de la Biblia como las que han tenido lugar en tu
propia vida. Ora para que tus momentos de adoración
cantada en la iglesia el domingo sean una respuesta
sincera a las «maravillas» de Dios.

EL ÚNICO DIOS

> «¡Grande es el Señor y digno de alabanza,
> más temible que todos los dioses! Todos
> los dioses de las naciones no son nada...»
> (vv. 4-5).

Los seres humanos no pueden evitar adorar, pero a
menudo, las posesiones, las relaciones o los roles que
tenemos (o queremos tener) se convierten en nuestros
ídolos. Los valoramos como más dignos de nuestro

tiempo, atención, alabanza, amor o temor que el Señor. ¿Qué ídolos estás adorando? Arrepiéntete de ellos ante Dios.

 ## CREADOR OMNIPOTENTE

«… pero el SEÑOR ha creado los cielos»
(v. 5).

Agradece a Dios por todas las cosas buenas que ha hecho y que puedes ver por tu ventana (¡aunque tengas que buscar mucho para ver la belleza!). Ora para que vivir en el mundo creado por Dios te lleve a adorar más a su Creador.

 ## SANTO SEÑOR

«Póstrense ante el SEÑOR en la majestad de su santuario; ¡tiemble delante de él toda la tierra!» (v. 9).

Dios es completamente distinto de nosotros, resplandeciente en Su santidad y pureza. Agradece el milagro de que, por medio de Cristo, puedas acercarte a Él personalmente. Sin embargo, esto no significa que nos acerquemos a Él con indiferencia: pídele a Dios que te dé una apreciación más profunda de Su santidad y una mayor reverencia hacia Él.

5 JUEZ JUSTO

> « ¡Canten delante del Señor, que ya viene!
> ¡Viene ya para juzgar la tierra! Y juzgará al
> mundo con justicia, y a los pueblos con fide-
> lidad» (v. 13).

Dios viene a enderezar el mundo: regocíjate ahora en
esa verdad. Agradécele que ya no tenemos que temer
Su juicio porque Cristo lo ha afrontado en nuestro nombre. Ora para que esta verdad te lleve a vivir con grati-
tud y adoración mientras esperas Su venida.

5 RAZONES PARA ORAR

PARA QUE YO SEA...

UN APRENDIZ

PROVERBIOS 2:1-11

PUNTOS DE ORACIÓN:

_____

_____

_____

_____

Padre, ayúdame a ser un aprendiz que...

BUSQUE LA SABIDURÍA

> *«... si tu oído inclinas hacia la sabiduría y de corazón te entregas a la inteligencia [...] si la buscas como a la plata, como a un tesoro escondido»* (vv. 2, 4).

Agradece a Dios Su preciosa sabiduría. Pídele que te dé un corazón que anhele conocerlo más profundamente, para que pongas todo tu esfuerzo y energía en ser más sabio en las cosas de Dios. Ora para que trates correctamente la verdad de Dios y no la des por sentado.

ORE POR SABIDURÍA

> *«... si llamas a la inteligencia y pides discernimiento»* (v. 3).

Ora para que aprendas en oración, no con orgullo. Confiesa las veces que te has acercado a la Palabra de Dios con una confianza errónea en tu capacidad para entenderla, en lugar de confiar conscientemente en el Espíritu de Dios. ¿Cuándo vas a escuchar o leer la

Palabra de Dios esta semana? Clama para que Dios te dé entendimiento.

TEMA AL SEÑOR

«… entonces comprenderás el temor del Señor y hallarás el conocimiento de Dios» (v. 5).

Ora para que lo que *sabes* de Dios cambie tu forma de *sentirte* respecto a Dios. Pide que cada sermón que escuches, cada pasaje que estudies o cada versículo que leas aumente tu asombro por la majestuosidad del Señor. Ora para que todo lo que aprendas te impulse a adorar.

MIRE SOLO A DIOS

«Porque el Señor da la sabiduría; conocimiento y ciencia brotan de sus labios» (v. 6).

Agradece a Dios que da generosamente la sabiduría. ¡Tenemos las palabras de Su boca delante de nosotros en la Biblia! Cuando escuches a otros, ora para que seas capaz de discernir las voces que ofrecen sabiduría piadosa de las que ofrecen sabiduría mundana.

TOME DECISIONES SABIAS

«Entonces comprenderás la justicia y el derecho, la equidad y todo buen camino; la sabiduría vendrá a tu corazón, y el conocimiento te endulzará la vida» (vv. 9-10).

Ora para que lo que aprendas moldee tu forma de vivir. Pide al Señor que te muestre «la justicia y el derecho, la equidad», ¡y luego te ayude a hacerlo! Ora por las áreas específicas en las que necesitas sabiduría en el momento. Pide a Dios que te guíe por «todo buen camino».

5 RAZONES PARA ORAR

PARA QUE YO SEA...

UN MAESTRO

HECHOS 18:24-28

PUNTOS DE ORACIÓN:

_____

_____

_____

_____

*Todo el mundo debería enseñar a alguien sobre Jesús.
Pueden ser nuestros hijos, una clase de escuela domi-
nical, un estudio bíblico o simplemente hablar de la
Palabra de Dios en la vida de los amigos. Pide a Dios
que te ayude a ser...*

CONOCEDOR

*«... [Apolos] era un hombre ilustrado y con-
vincente en el uso de las Escrituras» (v. 24).*

No se puede enseñar lo que no se conoce. Agradece
a Dios por equiparnos con la Escritura; ora para que
crezcas en tu propio conocimiento y amor por la Biblia
día a día y semana a semana.

APASIONADO

*«... y con gran fervor hablaba [...]. Comenzó
a hablar valientemente en la sinagoga...»
(vv. 25-26).*

Ora para que seas un maestro apasionado de la Palabra
de Dios. Pide que tengas el valor de enseñar fielmente
toda la verdad, incluso la más difícil. Pide a Dios que te
dé un entusiasmo contagioso por seguir a Jesús, para

que la gente escuche tus palabras y quiera seguirlo a
Él también de todo corazón.

 ENSEÑABLE

> *«… Al oírlo Priscila y Aquila, lo tomaron a su*
> *cargo y le explicaron con mayor precisión el*
> *camino de Dios» (v. 26).*

Apolos tenía conocimientos y era apasionado, pero aún
tenía algo importante que aprender, y estaba dispuesto
a hacerlo. Ora para que tú también seas un maestro
capaz de aprender. Da gracias por aquellos creyentes
maduros que se han acercado a ti para explicarte «el
camino de Dios» en el pasado. Pide humildad para reci-
bir comentarios, correcciones y ánimo.

 UNA GRAN AYUDA

> *«… ayudó mucho a quienes por la gracia*
> *habían creído» (v. 27).*

Ora para que tu enseñanza dé fruto en la vida de otros.
Piensa en algunos creyentes específicos a los que tienes
la oportunidad de enseñar. ¿Qué «ayuda» necesitan en
su fe? Pide que tus palabras sean de gran ayuda para
ellos.

 CENTRADO EN JESÚS

> *«… demostrando por las Escrituras que*
> *Jesús es el Mesías» (v. 28).*

Ora para que toda tu enseñanza ayude a las personas a entender la Escritura y a ver quién es Jesús y lo que ha hecho. Pide a Dios que te use para que la gente reconozca a Jesús como el Mesías, el Rey gobernante y salvador de Dios.

5 RAZONES PARA ORAR

PARA QUE YO SEA...

UN EMBAJADOR

EFESIOS 6:10-20

PUNTOS DE ORACIÓN:

_____

_____

_____

_____

 EMBAJADOR SIN TEMOR

> *«Oren también por mí para que, cuando hable, Dios me dé las palabras para dar a conocer con valor el misterio del evangelio, por el cual soy embajador en cadenas...»* (vv. 19-20).

Agradece a Dios que te haya dado un papel privilegiado: te ha hecho embajador, representante del reino de Cristo en este mundo. Como hace Pablo en estos versículos, pide a Dios que te dé las palabras para compartirlo con otros.

Padre Celestial, hazme un embajador del evangelio que no tenga miedo porque...

 CONOZCO AL VERDADERO ENEMIGO

> *«Porque nuestra lucha no es contra seres humanos, sino contra [...] fuerzas espirituales...»* (v. 12).

La evangelización es difícil porque es una batalla espiritual. Saber todas las respuestas correctas o amar bien a las personas no es suficiente para ganarlas para Cristo. Ora para que esto te lleve a una creciente dependencia de Dios en la oración, porque sabes que necesitas Su poder.

 ## ESTOY PROTEGIDO

«Manténganse firmes [...] protegidos por la coraza de justicia» (v. 14).

Estás completamente seguro ante Dios porque llevas una coraza de la justicia de Cristo, no la tuya propia; agradécele y alábalo por ello. Ora para que este conocimiento te ayude a mantenerte firme por Jesús, porque eres amado y aceptado por Dios, aunque otros se burlen de ti y te rechacen.

 ## ESTOY PREPARADO

«... y calzados con la disposición de proclamar el evangelio de la paz» (v. 15).

Ora para que estés listo para compartir el evangelio de la paz. Ora para que no te escabullas, esquives la pregunta o cambies el tema de conversación. En cambio, pide valor para aprovechar, e incluso procurar, cada oportunidad para hablar de Jesús. Pídele que te dé una hoy (quizás con alguien improbable).

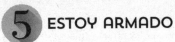

5 ESTOY ARMADO

«Tomen el casco de la salvación y la espada del Espíritu, que es la palabra de Dios» (v. 17).

Agradece a Dios porque nos ha dado un arma a través de la cual el Espíritu actuará en la vida de los demás: Su Palabra. Piensa en algunas personas no cristianas que conozcas: ¿cómo podrías acercarlas a la Biblia? Pídele a Dios que te ayude a ser Su embajador y a decir Sus palabras a otros.

5 RAZONES PARA ORAR

PARA QUE YO SEA...

UN AMIGO

LUCAS 17:1-6

PUNTOS DE ORACIÓN:

_____

_____

_____

_____

Padre, ayúdame a ser un amigo de los demás que es...

 ## CUIDADOSO

> *«... Los tropiezos son inevitables, pero ¡ay de aquel que los ocasiona!» (v. 1).*

Pide perdón por cualquier forma en que hayas inducido a tus amigos a pecar. No hace falta mucho: una broma de mal gusto, un comentario sarcástico, una mala actitud. Pide gracia para vigilarte a ti mismo (v. 3). Ora para que tus palabras y tu ejemplo estimulen a tus amigos cristianos hacia la piedad, y dirijan a tus amigos no cristianos hacia Jesús.

 ## SINCERO

> *«Si tu hermano peca, repréndelo...» (v. 3).*

Pide a Dios que te bendiga con amistades reales y sinceras. Ora para que seas lo suficientemente humilde como para escuchar a tus amigos cuando te reprendan, y lo suficientemente amoroso como para desafiar a tus amigos cristianos sobre su pecado y ayudarlos a parecerse cada vez más a Cristo. Ora para que los ames más de lo que quieres su aprobación.

PERDONANDOR

«… y, si se arrepiente, perdónalo» (v. 3).

Agradece a Dios que siempre te perdona cuando te arrepientes, aunque peques contra Él mucho más que «siete veces en un día» (v. 4). Así que ora para que seas un amigo que perdona, que decide amar, actuar y orar como si nunca se hubiera cometido un error. ¿Hay algún otro cristiano al que le estés negando el perdón? Pide un espíritu de verdadero perdón.

 DEPENDIENTE DE CRISTO

«Entonces los apóstoles le dijeron al Señor:—¡Aumenta nuestra fe!» (v. 5).

No todas las amistades son fáciles, y ninguna amistad es fácil todo el tiempo. Así que clama al Señor para que te dé lo que necesitas para ser un buen amigo. Agradece a Dios que derramó Su amor en tu corazón para que puedas mostrarlo a otros; pídele que te lleve a depender de Él.

 **LLENO DE ORACIÓN**

«Si ustedes tuvieran una fe tan pequeña como un grano de mostaza—les respondió el Señor—, podrían decirle a este árbol: "Desarráigate y plántate en el mar", y les obedecería» (v. 6).

Jesús es claro: ¡la oración funciona! Así que pídele que te ayude a ser constante y persistente en la oración por tus amigos. Piensa en uno o dos amigos y ora en este momento por sus situaciones concretas. Pide a Dios que los llene de fe en Sus promesas.

5 RAZONES PARA ORAR

PARA QUE YO SEA...

UN
TRABAJADOR

PROVERBIOS 10:4-16

PUNTOS DE ORACIÓN:

_____

_____

_____

Tanto si trabajas en un escritorio, en una línea de producción, en el hogar o en otra parte, pide ayuda para trabajar con...

DILIGENCIA

> *«Las manos ociosas conducen a la pobreza; las manos hábiles atraen riquezas»* (v. 4).

Es un principio que vemos en toda la Escritura: el trabajo duro honra a Dios, y Dios honra el trabajo duro. No fuimos creados para una vida de ocio; fuimos creados para ser productivos. Así que pide la gracia de percibir cualquier forma en la que estés abordando el trabajo con una actitud perezosa, de mala gana o a medias. Pide a Dios que te permita disfrutar de la satisfacción del trabajo bien hecho.

SABIDURÍA

> *«El hijo prevenido se abastece en el verano, pero el sinvergüenza duerme en tiempo de cosecha»* (v. 5).

Tal vez te cueste saber en qué centrar tu esfuerzo, cómo hacer el trabajo o de dónde sacar tiempo. Pídele a Dios que te dé sabiduría: preséntale tus preocupaciones laborales particulares.

 HUMILDAD

«El de sabio corazón acata las órdenes, pero el necio y rezongón va camino al desastre» *(v. 8).*

Ora por tu relación con tu jefe (o con cualquier persona con autoridad sobre ti). Pide a Dios que te dé un espíritu de sumisión voluntaria que humildemente «acata las órdenes», incluso cuando no te gusten. Confiesa las veces que has sido un «necio y rezongón». Ora para que hables a tus compañeros de trabajo y *respecto* a ellos con gracia y dominio propio.

 INTEGRIDAD

«Quien se conduce con integridad anda seguro; quien anda en malos pasos será descubierto» *(v. 9).*

¿De qué manera te sientes tentado a tomar atajos o a actuar de forma deshonesta? Ora para que camines con integridad. A veces nos frustramos cuando vemos que la gente torcida «se sale con la suya». Agradece a Dios que un día todos tendrán que rendir cuentas.

 PRIORIDADES ETERNAS

«El salario del justo es la vida; la ganancia del malvado es el pecado» *(v. 16).*

Agradece a Dios que, aunque mereces «la paga del pecado», has recibido «la dádiva de Dios [...] vida eterna en Cristo Jesús» (Rom. 6:23). Ora para que esto afecte a tu forma de trabajar y signifique para ti más que tu trabajo.

5 RAZONES PARA ORAR

POR CRECIMIENTO CUANDO
ESTOY...

DUDANDO

1 JUAN 5:9-15

PUNTOS DE ORACIÓN:

_____

_____

_____

_____

Padre celestial, cuando esté dudando, ayúdame a...

CONFIAR EN TU TESTIMONIO

«Aceptamos el testimonio humano, pero el testimonio de Dios vale mucho más, precisamente porque es el testimonio de Dios, que él ha dado acerca de su Hijo» (v. 9).

Agradece a Dios que nos haya dado el testimonio de Su Palabra en la Biblia y de Su Espíritu en nuestros corazones. Pide perdón a Dios por haber dudado de Él, y pídele que te ayude a confiar en Su testimonio por encima de todo «testimonio humano».

MANTENER LA SENCILLEZ

«El que cree en el Hijo de Dios acepta este testimonio [...] Y el testimonio es este: que Dios nos ha dado vida eterna, y esa vida está en su Hijo» (vv. 10-11).

Podemos tener muchas preguntas sin respuesta, pero lo único que importa en última instancia es lo que pensamos de Jesús: que creemos que la vida eterna se encuentra en Él, el Hijo de Dios. Habla con Dios con franqueza sobre lo que piensas de Jesús: dile ahora lo que crees.

REGOCIJARME EN LA VIDA ETERNA

> *«El que tiene al Hijo, tiene la vida; el que no tiene al Hijo de Dios, no tiene la vida»* (v. 12).

Tal vez a veces sueñes con cómo sería la vida si renuncias al cristianismo. Pero esa vida no sería vida en absoluto. Pídele a Dios que te dé un sentido real y profundo de gozo por la vida eterna que te ha dado.

ESCUCHARTE

> *«Les escribo estas cosas a ustedes que creen en el nombre del Hijo de Dios, para que sepan que tienen vida eterna»* (v. 13).

Agradece a Dios que quiere que estemos seguros, y que ha hecho que la Biblia se escriba para que podamos estarlo. Pide disciplina para seguir leyéndola por tu cuenta y para reunirte con otros para escuchar su enseñanza, sea como sea que te sientas. Ora para que al escuchar la Palabra de Dios, aumente tu seguridad de que, en Cristo, tienes vida eterna.

5 HABLAR CONTIGO

*«Esta es la confianza que tenemos al acer-
carnos a Dios: que, si pedimos conforme a
su voluntad, él nos oye» (v. 14).*

A veces, orar es lo último que queremos hacer, pero
anímate: Dios te escucha. Pídele a Dios que te mantenga haciendo el esfuerzo de hablarle en oración, y
ora para que, al hacerlo, aumente tu confianza en que
Él te escucha.

5 RAZONES PARA ORAR

POR CRECIMIENTO CUANDO
ESTOY...

DESCONTENTO

SALMO 73

PUNTOS DE ORACIÓN:

_____

_____

_____

 CONFIESA EL DESCONTENTO

> *«Se me afligía el corazón y se me amargaba el ánimo por mi necedad e ignorancia. ¡Me porté contigo como una bestia!» (vv. 21-22).*

Dile a Dios por qué estás descontento. Este salmo te invita a ser sincero sobre las formas en que has «envidiado» a quienes tienen más cosas o menos problemas (v. 3), o has sentido que vivir a la manera de Dios es «en vano», es decir, que no vale la pena (v. 13). Pero también te invita a darte cuenta de que pensar así es, en última instancia, «necedad». Ora para que los siguientes cuatro puntos de oración convenzan tu corazón de esto.

 VE LAS COSAS A LA MANERA DE DIOS

> *«... allí comprendí cuál será el destino de los malvados [...] ¡En un instante serán destruidos, totalmente consumidos por el terror!» (vv. 17, 19).*

Pide a Dios que te ayude a ver las cosas desde una perspectiva eterna. Ora para que la próxima vez que el descontento te afecte, recuerdes que cualquier cosa material que anheles ahora, algún día será barrida. Agradece a Dios que, mientras los demás están en «terreno resbaladizo» (v. 18), tú, por fe, estás seguro sobre la roca sólida de Sus promesas.

CONTENTO CON LA PRESENCIA DE DIOS

«Pero yo siempre estoy contigo, pues tú me sostienes de la mano derecha. Me guías con tu consejo, y más tarde me acogerás en gloria» (vv. 23-24).

A veces deseamos cosas buenas con buenos motivos; pero ora para que tu mayor gozo sea siempre estar tomado de la mano de Dios. Agradece que el majestuoso Señor del universo te conoce, te ama y se preocupa por ti, y que un día, en la gloria, incluso las mejores cosas de esta tierra palidecerán en comparación con verlo cara a cara.

CONTENTO CON MI PORCIÓN

«¿A quién tengo en el cielo sino a ti? Si estoy contigo, ya nada quiero en la tierra. Podrán desfallecer mi cuerpo y mi espíritu, pero Dios fortalece mi corazón; él es mi herencia eterna» (vv. 25-26).

Pídele a Dios que haga realidad estos versículos, que te ayude a sentirlos *realmente*.

5 CONVERSACIONES ALEGRES

«He hecho del Señor Soberano mi refugio para contar todas sus obras» (v. 28).

A menudo nuestras conversaciones alimentan nuestro descontento, así que pídele a Dios que te ayude a usar tus palabras para señalar a otros la bondad de Dios. Ora para que en todas tus conversaciones te quejes menos y des más gracias.

5 RAZONES PARA ORAR

POR CRECIMIENTO CUANDO ESTOY...

ABRUMADO

NÚMEROS 6:24-27

PUNTOS DE ORACIÓN:

_____

_____

_____

_____

Padre en el cielo, cuando las cosas se sientan abruma-doras, por favor dame tu...

PRESENCIA

> *«El Señor te bendiga y te guarde»* (v. 24).

Alaba a Dios porque, sea lo que sea que se vislumbre en el horizonte, Él es quien te mantiene cerca, te colma de amor y nunca te abandonará. Ora para que tus circunstancias te empujen a Sus brazos amorosos: pide sentir hoy una sensación especial de Su presencia contigo.

GRACIA

> *«... el Señor te mire con agrado y te extienda su amor»* (v. 25).

Agradece a Dios Su gracia al salvarte; «hizo brillar su luz en nuestro corazón para que conociéramos la gloria de Dios que resplandece en el rostro de Cristo» (2 Cor. 4:6). Agradece a Dios Su gracia al darte buenas obras que hacer y dones con los que servirlo. Ora para que, por Su gracia, te sostenga en todo lo que viene delante. Regocíjate de que, cuando caes o te quedas corto, Su gracia abunda.

3 ATENCIÓN

«…el Señor te muestre su favor…» (v. 26).

¿Qué podría hacer Dios para ayudar a tu situación? Pide a Dios que se vuelva hacia ti, que vea tus circunstancias y actúe para cambiarlas, o para cambiarte a ti.

4 PAZ

«… y te conceda la paz» (v. 26).

Cuando nos sentimos impotentes frente a los problemas, o al límite ante una interminable lista de tareas, a menudo respondemos sintiéndonos ansiosos. Pídele a Dios que te dé paz, que seas capaz de confiar en Él en las cosas que suceden, o que no suceden. Ora especialmente para poder dormir bien, con la seguridad de que Dios ha hecho todo lo necesario para nuestra salvación, y que puede realizar Su obra a pesar de nuestra debilidad e incluso a través de ella.

5 BENDICIÓN

«Así invocarán mi nombre sobre los israelitas, para que yo los bendiga» (v. 27).

Al igual que los israelitas pertenecían al Señor como Su pueblo especial, alabemos a Dios porque, en el nombre de Cristo, nos ha hecho suyos y nos ha colmado de toda bendición espiritual, bendiciones que nunca nos serán arrebatadas, pase lo que pase. Ora para que tu identidad como hijo de Dios te mantenga firme y te dé un gran gozo, incluso en medio de los momentos de tensión.

5 RAZONES PARA ORAR

POR CRECIMIENTO CUANDO
ESTOY...

SUFRIENDO

SALMO 25:15-22

PUNTOS DE ORACIÓN:

_____

_____

_____

_____

Padre, por favor dame…

ESPERANZA CUANDO ESTOY DESESPERADO

> «Mis ojos están puestos siempre en el SEÑOR, pues solo él puede sacarme de la trampa. […] porque en ti he puesto mi esperanza» (vv. 15, 21).

Agradece a Dios que puedas fijar tus ojos en Él en tu sufrimiento, sabiendo que Él tiene Sus ojos fijos en ti. Ora para que Dios utilice esta época de dolor para fijar tu esperanza en Él con mayor seguridad, y para que te haga anhelar la eternidad de perfección que Él promete.

CONSUELO CUANDO ME SIENTO SOLO

> «Vuelve a mí tu rostro y tenme compasión, pues me encuentro solo y afligido» (v. 16).

El sufrimiento puede ser una experiencia que nos aísle: espiritual, emocional y socialmente. Si te sientes solo, pídele a Dios que se acerque a ti, para que sientas que Su consuelo inunda sobrenaturalmente tu corazón. Agradece a Dios por las personas que *sí* tienes a tu alrededor para apoyarte. Ora para que pruebes la gracia de Dios a través de las personas que te aman y oran por ti.

PAZ CUANDO ESTOY ANSIOSO

«Crecen las angustias de mi corazón; líbrame de mis tribulaciones» (v. 17).

¿Qué es lo que más te preocupa de tu situación? ¿A qué le temes? Preséntalo a Dios en la oración. Pídele que libere tu mente de los ciclos de pensamientos ansiosos y que llene tu corazón de Su paz.

GRACIA CUANDO SOY PECADOR

«Fíjate en mi aflicción y en mis penurias, y borra todos mis pecados» (v. 18).

Por muy difíciles que sean nuestras circunstancias, nuestra mayor necesidad sigue siendo que Dios quite nuestros pecados por medio de Cristo. Así que pídele que lo haga por ti ahora. Confiesa las formas en que has pecado contra Dios y contra los demás en tus palabras, acciones y actitudes. Agradece que Cristo cargó con tus pecados en la cruz y ha quitado su peso para siempre.

5 REFUGIO CUANDO ESTOY EN PELIGRO

«Protege mi vida, rescátame; no permitas que sea avergonzado, porque en ti busco refugio» (v. 20).

¿De qué situación te gustaría que Dios te rescatara? Pídele que lo haga. Luego gózate de que, pase lo que pase, en Cristo nunca serás avergonzado: un día estarás ante tu Padre amoroso, completamente perdonado y finalmente libre de sufrimiento.

5 RAZONES PARA ORAR

POR CRECIMIENTO CUANDO
ESTOY...

CELEBRANDO

1 CRÓNICAS 29:10-19

PUNTOS DE ORACIÓN:

_____

_____

_____

_____

Padre del cielo, mientras celebro, ayúdame a...

ADORARTE

> *«Tuyos son, SEÑOR, la grandeza y el poder,
> la gloria, la victoria y la majestad. Tuyo es
> todo cuanto hay en el cielo y en la tierra...»*
> *(v. 11).*

Toma un momento para detenerte y adorar a Dios por lo que es. Todas las cosas buenas que disfrutamos nos permiten vislumbrar al Dios bueno del que proceden, así que alábalo ahora.

DARTE EL CRÉDITO A TI

> *«De ti proceden la riqueza y el honor [...].
> En tus manos están la fuerza y el poder,
> y eres tú quien engrandece y fortalece a
> todos» (v. 12).*

Agradece a Dios Su generosidad. Confiesa cualquier gloria que te atribuyas por tus logros; pide a Dios que te dé una mayor conciencia de que todo, tus dones y éxitos, viene de Sus manos. Hazte eco de David: «Por eso, Dios nuestro, te damos gracias, y a tu glorioso nombre tributamos alabanzas» (v. 13).

SER GENEROSO

> *«Pero ¿quién soy yo, [...] para que podamos darte estas ofrendas voluntarias? En verdad, tú eres el dueño de todo, y lo que te hemos dado, de ti lo hemos recibido» (v. 14).*

Es probable que este bien te brinde nuevas oportunidades para ser generoso, tal vez con tu tiempo, dinero, hogar, familia o amor. ¿Cómo podría ser eso para ti? Pide a Dios que te impulse a aprovechar estas oportunidades. Ora para que, como David, veas la oportunidad de ser generoso como un privilegio dado por Dios.

DEJAR DE PERSEGUIR SOMBRAS

> *«... Nuestros días sobre la tierra son solo una sombra sin esperanza» (v. 15).*

Pide a Dios que mantenga tu perspectiva eterna. Pídele que te humille cuando reflexiones sobre la brevedad y la pequeñez de esta vida, y que te haga regocijarte de que incluso las mejores cosas de aquí son meras sombras comparadas con la deslumbrante realidad de lo que está por venir.

DEDICAR MI CORAZÓN A TI

> *«… conserva por siempre estos pensamientos en el corazón de tu pueblo, y dirige su corazón hacia ti» (v. 18).*

Sean cuales sean tus esperanzas y ambiciones para los meses y años venideros, ora para que tu mayor deseo sea honrar a Cristo. ¿De qué manera podría ponerse a prueba tu lealtad a Él? Pide a Dios que te dé «un corazón íntegro, para que obedezca y ponga en práctica tus mandamientos» (v. 19).

5 RAZONES PARA ORAR

POR CRECIMIENTO CUANDO ESTOY...

ENVEJECIENDO

FILIPENSES 3:12-14

PUNTOS DE ORACIÓN:

_____

_____

_____

_____

¡Aquí hay uno para los cumpleaños, el Año Nuevo, los aniversarios y cualquier momento en el que te sientas mayor!

ALCANZADO

«… sigo adelante esperando alcanzar aquello para lo cual Cristo Jesús me alcanzó a mí» (v. 12).

Mira atrás y agradece a Jesús por cómo te alcanzó por primera vez cuando te convertiste en cristiano. Alábalo por la forma en que se ha mantenido aferrado a ti a través de los giros de la vida en los años y meses posteriores. Da gracias por las temporadas o momentos específicos en los que has sentido especialmente su amoroso sostén.

HUMILDE

«… no pienso que yo mismo lo haya logrado ya…» (v. 13).

De este lado de la eternidad, nadie lo ha «alcanzado» como cristiano. Arrepiéntete de cualquier forma en la que te hayas vuelto complaciente en tu fe. Confiesa las veces que te has sentido orgulloso de lo que lograste, o te has conformado en lugar de esforzarte por crecer. Pide a Dios que te muestre cómo quiere hacerte más parecido a Cristo.

SIN REMORDIMIENTOS

«… olvidando lo que queda atrás y esforzándome por alcanzar lo que está delante» (v. 13).

Cuando miras atrás, ¿de qué te arrepientes? Tal vez sea algo que hiciste, o algo que no hiciste. Agradece a Dios que se ha ocupado de tu pecado pasado: pídele que te ayude a «olvidarlo», ahora que lo ha perdonado. Agradécele que tus mejores días están delante de ti en la eternidad, no detrás de ti en esta vida.

SIN DISTRACCIONES

«… Más bien, una cosa hago: […] sigo avanzando hacia la meta…» (vv. 13-14).

Ora para que seguir fielmente a Jesús cada día de tu vida sea la «[única] cosa» que hagas. ¿Qué amenaza te distrae de ese gran objetivo? ¿Qué aleja tus ojos de la meta? Pide a Dios que te dé una determinación de todo corazón para seguir sirviendo a Cristo.

GANAR EL PREMIO

«… para ganar el premio que Dios ofrece mediante su llamamiento celestial en Cristo Jesús» (v. 14).

Agradece a Dios que te diriges a un premio mucho mejor que marcar el próximo gran hito de la vida, o una pensión que valga oro, o las vacaciones de tu vida: ¡te diriges a encontrarte con Jesús en el cielo! Dedica algún tiempo a regocijarte en esta verdad. Ora para que, por la gracia de Dios, camines por fe hasta que tengas ese premio.